QUELQUES
SCULPTURES VICENTINES

A PROPOS

DU BAS-RELIEF DONNÉ AU MUSÉE DU LOUVRE

PAR M. CH. TIMBAL

PAR

LOUIS COURAJOD

EXTRAIT DE A *GAZETTE DES BEAUX-ARTS*

(Février 1882)

PARIS

HONORÉ CHAMPION, LIBRAIRE

15, QUAI MALAQUAIS

1882

QUELQUES
SCULPTURES VICENTINES

A PROPOS

DU BAS-RELIEF DONNÉ AU MUSÉE DU LOUVRE

PAR M. CH. TIMBAL

PAR

LOUIS COURAJOD

EXTRAIT DE LA *GAZETTE DES BEAUX-ARTS*

(Février 1882)

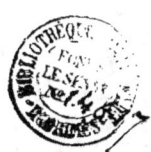

PARIS

HONORÉ CHAMPION, LIBRAIRE

15, QUAI MALAQUAIS

1882

NOTE

SUR

QUELQUES SCULPTURES VICENTINES

A PROPOS DU BAS-RELIEF DONNÉ AU MUSÉE DU LOUVRE

PAR M. CH. TIMBAL

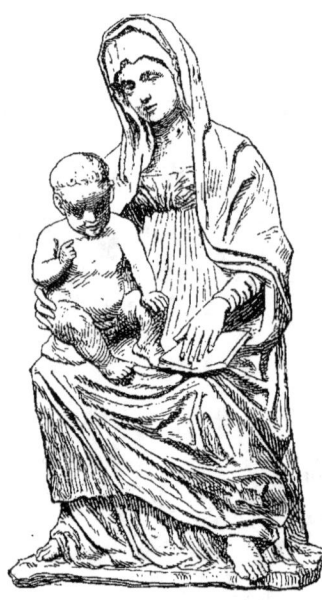

Il est maintenant d'usage, dans les musées, de placer des étiquettes explicatives au-dessous des objets d'art exposés. Cette excellente mesure imposera sans doute, à ceux qui conservent les collections publiques et qui ont quelque respect d'eux-mêmes ou quelque probité scientifique, l'obligation de connaître leur métier et de faire chaque jour preuve de compétence. C'est néanmoins un bienfait pour tout le monde. En des temps troublés où l'intrigue et la faveur pourraient se croire maîtresses de tout, l'habitude contractée par le public deviendrait la sauvegarde des honnêtes gens, qui n'auraient à invoquer, pour les recommander et les défendre, que leur travail et la preuve des services rendus par eux. Le public, il est vrai, n'est pas encore bien exigeant et se contenterait volontiers des explications de M. de La Palisse. Mais il n'en sera pas toujours ainsi et le quart d'heure de Rabelais finirait par sonner pour les fonctionnaires les plus confiants dans leur bonne étoile. Sans prévoir de trop loin ces jours d'orage, il n'est peut-être pas inutile de prendre les devants et de faire tous ses efforts pour rédiger du premier coup des notices et des étiquettes à peu près définitives. Il est intéressant, en même temps, de classer le plus tôt possible, dans les divers musées de l'Europe, les monuments non seulement par groupes généraux de nationalités, mais encore par groupes plus restreints de provinces, de cités, d'ateliers et de familles. L'histoire de l'art est trop en retard sur la botanique. Sans vouloir ralentir l'étude purement esthétique des chefs-d'œuvre, il est urgent de préparer la voie à ce qu'on pourrait appeler l'histoire naturelle de l'art. Sans cesser d'admirer, de contempler isolément, de choisir par une sélection instinctive ou raisonnée les monuments de telle ou telle époque, de tel ou tel pays, classifions. Un Linné surgira sans doute pour surprendre le secret de tant de généalogies obscures et pour disposer dans un ordre lumineux l'herbier si touffu et encore si confus de nos collections publiques.

I.

Depuis la dernière réorganisation de la salle de Michel-Ange, au Louvre, à la place du bas-relief de marbre représentant Robert Malatesta qui a été mis en pleine lumière comme il le mérite et qui montre dans cette nouvelle situation toutes ses qualités de fermeté et de couleur, un autre bas-relief de pierre a été exposé. C'est un ouvrage de second ordre, mais encore très intéressant, d'un caractère énergique et dur, rappelant l'art du nord de l'Italie. On y trouve, dans l'exagération du geste et de l'expression, un reflet de Donatello et de l'école de Padoue en même temps qu'une influence très prononcée du style de Mantegna. Les plis des draperies, notamment, sont traités tout à fait dans la manière qui, à la suite de Squarcione et du grand artiste de Mantoue, fut adoptée par toute l'école italienne entre Vérone et Venise.

Ce bas-relief a été légué au Louvre par M. Charles Timbal. Il a déjà une histoire et, avant d'arriver sous le toit qui l'abrite, il a subi bien des vicissitudes et essuyé bien des affronts qu'il est tout d'abord loyal de raconter. La provenance originelle de la sculpture est matériellement inconnue. Elle a été achetée à Paris, rue de Clichy, en 1876. Mais le caractère de son exécution démontre surabondamment qu'elle doit venir de la Vénétie. Le savant amateur l'avait recueillie comme un curieux spécimen de l'art lombardo-vénitien de la fin du xve siècle. Les dimensions et la pesanteur de ce retable de pierre avaient empêché son acquéreur de le disposer dans l'appartement de la rue de l'Abbaye-Saint-Germain, où il était parvenu à réunir, pour la seconde fois, une collection précieuse de monuments de sculpture du moyen âge et de la Renaissance. Le bas-relief était resté dans la cour de la maison et reposait encore dans la caisse qui le contenait quand on prépara, en 1878, l'exposition rétrospective du Trocadéro. Sur la demande de la commission organisatrice, la sculpture fut

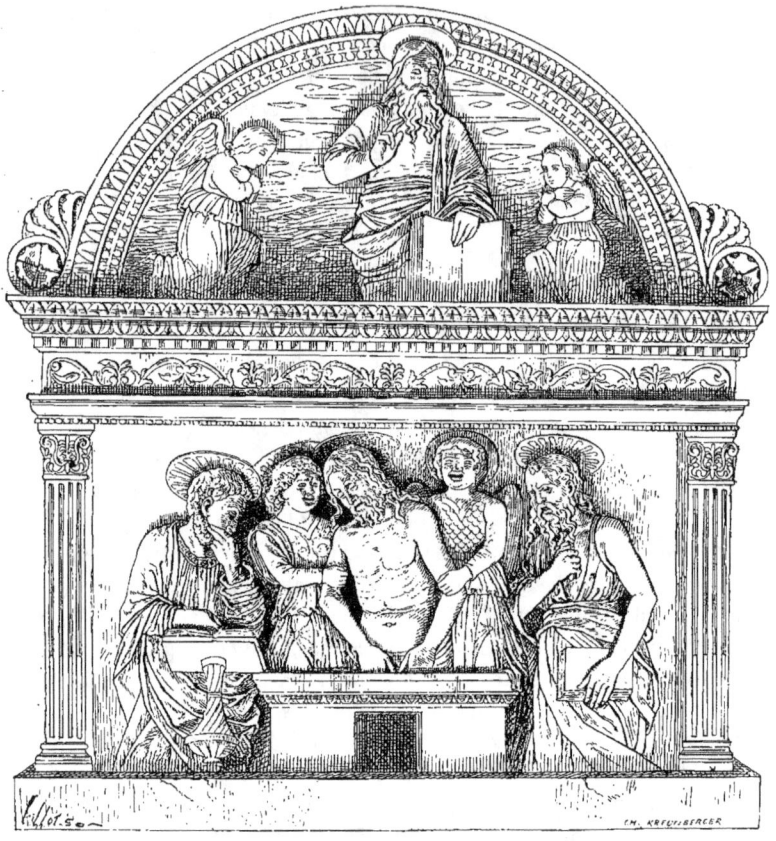

BAS-RELIEF DE L'ÉCOLE DE VICENCE, XVe SIÈCLE.
Donné au Musée du Louvre par M. Timbal.

prêtée par M. Timbal. Malheureusement, elle arrivait sans la protection d'un propriétaire tapageur et sans la recommandation d'un nom sonore d'artiste. A ce moment le sanctuaire, déjà rempli jusqu'au faîte, ne s'ouvrait plus pour les divinités d'un ordre inférieur. Tandis que les objets confiés par le même propriétaire occupaient une place honorable dans la salle n° 4 consacrée au moyen âge, le bas-relief du xve siècle ne put point pénétrer dans la salle de la Renaissance. Faute d'espace, le retable de M. Timbal fut déposé à terre, le long du mur, dans le promenoir extérieur du Trocadéro. Les morceaux de pierre qui le composaient ne furent pas extraits de leurs caisses, dont un côté seulement avait été ouvert. Ils restèrent ainsi exposés près de quatre mois, au milieu de la paille de l'emballage. Le dédain affecté par la foule pour cette œuvre d'art blessa profondément Charles Timbal. Il se décida à ne plus jamais rien prêter aux expositions rétrospectives.

Cependant cette injuste indifférence n'avait pas détaché Charles Timbal de l'œuvre pleine de saveur qu'il avait fixée à Paris. Il la reprit chez lui quand elle lui fut rendue. Deux ans et demi plus tard, dans les tristes jours qui précédèrent sa mort, alors qu'il songeait à l'avenir de sa collection, le pauvre bas-relief de pierre, le dédaigné du Trocadéro, revint à sa mémoire. Il l'associa, dans une pensée généreuse, au beau dessin de Raphaël qu'il destinait au musée du Louvre, et il eut assez de confiance dans les lumières des conservateurs de cet établissement pour ne pas douter de l'appréciation que leur inspirerait cette sculpture. La pièce est aujourd'hui dans la salle de Michel-Ange. La place qui lui a été assignée, entre les deux fenêtres, a permis de voiler ses défauts tout en la faisant concourir au puissant effet que produit maintenant, dans cette salle, l'art du xve siècle.

Nous avons déjà indiqué à quelle école appartenait une œuvre d'un caractère aussi tranché et aussi fermement accusé. En la trouvant rue de Clichy et quoique le marchand qui la vendait ne pût pas en préciser la provenance, il était facile de nommer approximativement le lieu où la pierre avait été sculptée. Il fallait chercher entre les Alpes au nord, Vérone, Mantoue et Venise au sud, dans la partie de la Vénétie soumise à la double influence de Donatello et de Mantegna, et surtout de ce dernier. Vicence était un des points sur lesquels l'enquête devait porter. Je ne fus donc pas étonné de rencontrer dans cette ville, en 1877, une œuvre similaire. C'est le bas-relief qui forme, à droite, le retable de l'un des autels latéraux dans la nef de San-Lorenzo. Au centre, même sujet qu'au Louvre : le Christ mort soutenu par deux anges. A gauche, saint François d'Assise; à droite, saint Bernardin, tous deux en pied. Dans le fronton, Dieu le père bénissant, représenté à mi-corps au milieu d'anges. De chaque côté du fronton, les deux personnages d'une *Annonciation*. Au-dessus de l'ensemble, la Vierge entre saint Sébastien et saint Antoine. Le tout peint et doré.

Aujourd'hui que l'étude du bas-relief de M. Timbal fait partie de nos devoirs administratifs, nous sommes retourné à Vicence et nous avons pu constater que nous ne nous étions pas trompé. On en jugera si on com-

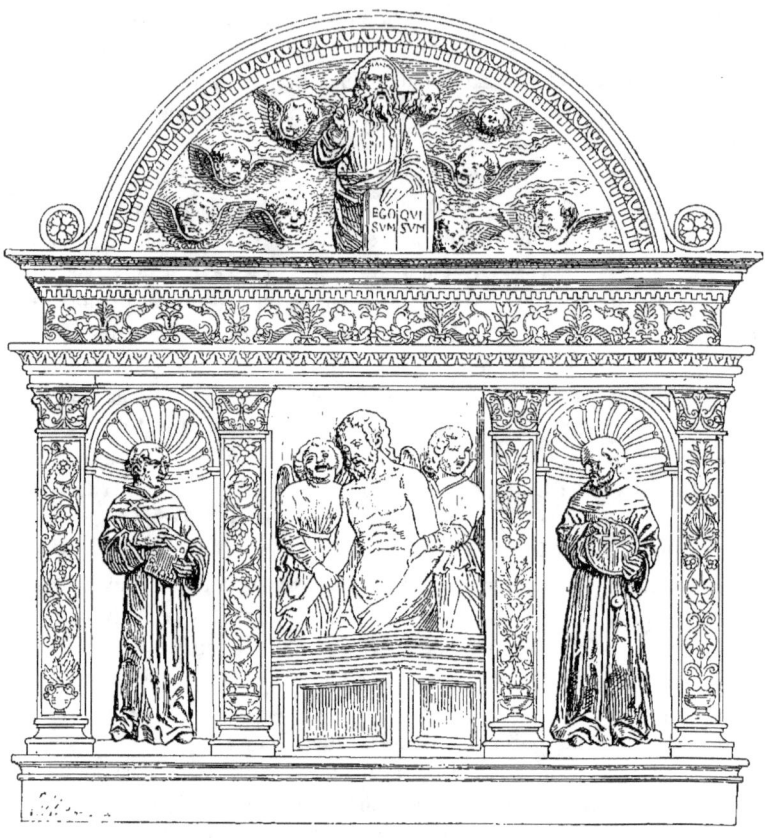

FRAGMENT DU RETABLE DE L'AUTEL DU « CORPUS DOMINI »
(Église San-Lorenzo de Vicence).

pare les deux monuments que nous avons fait graver d'après des photographies pour accompagner cette note. C'est bien du même atelier que sont sorties ces deux sculptures. Le style, les types, l'expression des têtes, la manière de traiter les draperies, les dispositions architectoniques ne sont pas seulement identiques. Le sujet central est exactement le même des deux côtés. C'est la reproduction, avec de légères variantes, de quelque composition célèbre, peut-être d'un dessin de Mantegna, ou tout au moins de son école[1]. Ces deux bas-reliefs sont des œuvres de reflet, empreintes de tous les caractères de leur époque et possédant à un haut degré le goût du terroir sur lequel elles sont nées. Elles nous transmettent fidèlement, dans leur exécution, l'esprit de l'art vicentin dans le dernier tiers du XVe siècle sans présenter toutefois, dans leur composition, un caractère bien original. La sculpture de Paris, comme celle de Vicence, est peinte et dorée. La seconde est mieux conservée que la première. Mais il est impossible de ne pas reconnaître dans les deux ouvrages les mêmes habitudes de travail, et je crois pouvoir dire le même ciseau.

Le retable sculpté de San-Lorenzo est accompagné d'une inscription qui fixe la date de son exécution au 14 novembre 1474. Voici cette inscription placée à droite de l'autel :

1474. DIE LVNE 14 NOVEMBRIS
HOC SACELLVM SVB TITVLO COR
PORIS XPI CONSTRVI FECIT ODO
RICVS QVONDAM D. GREGORII OMNI
VITA PROBATVS EX HONESTISS
IMA DOMO POLIANA SALVTI
ANIME SVE PROVIDENS VT IN EO MIS
SA QVOTTIDIE SEMEL ANNIVERSARIUS
QVOTTANNIS TER CELEBRETVR[2].

1. Cette composition fait aussi penser au *Christ mort* du Musée de Berlin, n° 28, page 25, de la dernière édition du catalogue des Peintures. Le tableau, après avoir été attribué autrefois à Andrea Mantegna, est donné maintenant à Giovanni Bellini.

2. Voici la traduction de cette inscription : « 1474, le lundi 14 novembre, Odorico, fils du feu Seigneur Gregorio, d'une vie irréprochable, issu de la très honorable famille des Poli, songeant au salut de son âme, a fait construire cette chapelle sous le vocable du Corps du Christ pour que tous les jours une messe y soit dite et que chaque année l'anniversaire de son décès y soit célébré trois fois. »

La famille, dont on voit les armoiries sur le retable de San-Lorenzo, portait de gueules au cygne d'argent accompagné en chef d'une étoile de même, posée à senestre. Un membre de cette famille servit la France au XVIe siècle, fut chevalier de l'ordre de Saint-Michel et eut un tombeau aux Grands-Augustins de Paris. Il mourut en 1609. Son épitaphe et le dessin de la statue agenouillée qui surmontait le monument ont été conservés par Gaignières (Bibliothèque nationale, cabinet des estampes (Pe 11 rés. f° 22). Renseignement communiqué par M. Molinier.

Le bas-relief du Musée du Louvre, attribuable au même atelier, reçoit du même coup une date approximative. Les documents d'archives conservés à Vicence nous permettront peut-être de nommer un jour l'auteur commun de ces deux œuvres. En effet, les travaux exécutés en 1474 à l'autel de l'église San-Lorenzo ont dû laisser des traces dans les archives religieuses ou notariales.

II.

Au pied des Alpes, entre Mantoue, Vérone et Padoue, sur les bords verdoyants du Bacchiglione existe un lieu béni du ciel. Vicence est un de ces nids préparés par la nature pour l'éclosion de l'art italien et où celui-ci, au printemps de la Renaissance, n'a pas manqué de s'installer. Le voyageur s'y arrête instinctivement. Mais, quelque ébloui qu'on puisse être par les charmes du paysage et par les beaux monuments d'architecture de toutes les époques dont Vicence est remplie; quelque distrait que l'on soit par le monde extérieur ou la perspective pittoresque de la voie publique, on ne doit pas oublier de pénétrer dans les églises et dans le musée municipal. On y retrouvera, dans l'art, le reflet de la nature environnante. Vicence a possédé aux bonnes époques une délicieuse école de peinture représentée surtout par Speranza, Buonconsigli et les deux Montagna. Quelques œuvres de ces maîtres sont encore en place ou peu éloignées du sanctuaire original.

Bartolommeo Montagna est certainement la gloire de Vicence. Son mâle et vigoureux talent, facile à apprécier par ses chefs-d'œuvre de Venise et de Milan, est, en outre, fort bien représenté dans les églises de la ville et au musée municipal. Benedetto, son fils, ne s'élève pas jusqu'à lui; mais, grâce à son burin, Benedetto s'est rendu populaire et, malgré ses défaillances, c'est encore un artiste de valeur et digne d'être remarqué. La biographie de Benedetto n'est pas bien claire. Il a passé successivement pour le frère et pour le fils de Bartolommeo. M. Milanesi, après avoir soutenu la première opinion dans le *Vasari* de Lemonnier [1], se range à la seconde dans la dernière édition des *Vite* [2]. La date de sa naissance et celle de sa mort restent indécises. Trois tableaux signés de lui portent des dates appartenant toutes au xvie siècle et dont la dernière est 1535. Mais si les témoignages connus de son activité se réfèrent tous à la seconde période de la Renaissance, Benedetto relève encore de l'école du xve siècle qu'il semble prolonger. C'est un retardataire qui se réclame de ses grands an-

---

[1]. Tome VI, p. 104, note 3.
[2]. Vasari, *le Vite,* tome III, p. 649.

cêtres et dont tout le mérite consiste à en avoir gardé le souvenir et, dans une certaine mesure, les traditions. Il est, par exemple, d'une naïveté qui va quelquefois jusqu'à la brutalité et à l'ignorance. Comme peintre, c'est un Vénitien issu de Mantegna qui a connu Giovanni Bellini et la pléiade d'artistes éclose autour de lui, mais qui n'a pas été au delà et qui n'appartient pas, ainsi que Giorgione et Titien, à l'école de l'avenir. Comme graveur, c'est un artiste hésitant qui va de Mantegna et des Campagnola à Albert Dürer en passant près de Marc-Antoine dans la première période du talent de ce dernier. Il semble de plus que le dessin de Benedetto ait souffert du contact avec l'Allemagne.

Aux incertitudes dont est déjà semée la biographie de cet artiste, j'entreprends d'ajouter de nouvelles complications. Je suis porté à croire que Benedetto Montagna a sculpté, et voici ce qui m'a conduit à cette conclusion. En 1877, j'ai trouvé à Vicence, chez un marchand d'objets d'art, une figure de terre cuite datant approximativement du commencement du xvi° siècle. C'est une Vierge assise tenant l'enfant Jésus sur ses genoux et appuyant la main sur un livre. L'œuvre, dont les dimensions sont celles de la petite nature, n'est pas esthétiquement irréprochable, mais elle est absolument authentique. Elle relève incontestablement de l'art vénitien et rappelle par la gaucherie et la naïveté de son style le xv° siècle plutôt que le xvi°. Il y a dans la composition et dans l'exécution comme une inspiration de Mantegna ou de Giovanni Bellini avec quelques défauts qui demeurent personnels à l'exécutant. Cette sculpture, quand je l'ai rencontrée à Vicence pour la première fois — elle a été exposée en vente pendant de longues années — m'a tout de suite fait penser aux estampes de Benedetto Montagna. J'y retrouvais les qualités et les défauts du graveur et j'aimais à y étudier un état particulier par où passa l'art vénitien de la fin du xv° siècle avant les radicales transformations du xvi°. Je lui demandais de m'expliquer quels tiraillements en sens divers subissait la vieille école qui allait mourir. Depuis, j'ai acquis cette curieuse pièce, qui m'intriguait comme une énigme, afin de pouvoir l'interroger et l'ausculter tout à loisir.

La supposition qui m'avait fait provisoirement établir un lien hypothétique entre cette œuvre et Benedetto Montagna s'est rapidement changée en présomption très grave quand j'ai découvert, sur la base de la statue, le monogramme habituel du maître graveur tracé à l'ébauchoir dans la terre avant la cuisson. Le propriétaire de l'objet, ignorant ce détail, prétendait que cette sculpture était l'œuvre de Mantegna. Cette assertion, prise au pied de la lettre, était et demeure nécessairement erronée et, *à priori*, impossible. Mais elle pourrait avoir quelque valeur et mériterait d'être prise en considération, si on consentait à voir dans le nom de Mantegna, prononcé pour Montagna, l'écho altéré d'une tradition locale.

Je ne puis malheureusement pas établir, ni à l'aide de documents ni à l'aide de monuments similaires, que Benedetto Montagna ait sculpté. Vasari n'a pas parlé de cet artiste et les nombreux auteurs qui lui ont consacré quelque attention n'ont jamais dit qu'il ait manié l'ébauchoir. Ce silence universel conclut en apparence contre moi. Mais un fait n'est pas nécessairement inexact pour être généralement inconnu. Ne savons-nous pas d'ailleurs que les artistes de la Renaissance pratiquaient volontiers tous les arts à la fois ? Quoi qu'il en soit, plusieurs points demeurent démontrés.

1° La sculpture reproduite en tête de cet article appartient indiscutablement à l'école vénitienne et plus particulièrement, si l'on veut préciser, à une école qui aurait eu son siège à Vérone, à Mantoue ou à Vicence.

2° Elle rappelle par bien des côtés la manière de Benedetto Montagna et les influences que le même artiste a subies.

3° Elle a été trouvée à Vicence ou dans les environs, c'est-à-dire dans la patrie du maître auquel on cherche à l'attribuer.

4° Elle porte le monogramme habituel de Benedetto Montagna.

On conviendra que voilà un certain nombre de faits tendant à rendre notre proposition tout au moins vraisemblable. Ce sont toujours quelques jalons plantés sur le chemin de la vérité.

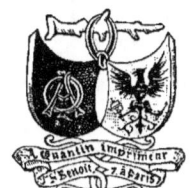

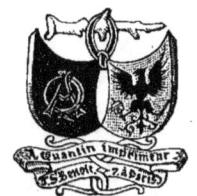

www.ingramcontent.com/pod-product-compliance
Lightning Source LLC
Chambersburg PA
CBHW050042230526
45470CB00003B/1396